RÉPUBLIQUE FRANÇAISE.

MINISTÈRE DE LA GUERRE.

DÉCRET

PORTANT RÈGLEMENT

SUR LES

MOUVEMENTS DE TROUPES A L'INTÉRIEUR

EN TEMPS DE PAIX

INSTRUCTION PORTANT APPLICATION DE CE DÉCRET

(Extrait du *Bulletin officiel*, partie réglementaire, année 1900.)

PARIS

HENRI CHARLES-LAVAUZELLE

Éditeur militaire

10, Rue Danton, Boulevard Saint-Germain, 118

(MÊME MAISON A LIMOGES)

DÉCRET

PORTANT RÈGLEMENT

SUR LES

MOUVEMENTS DE TROUPES A L'INTÉRIEUR

EN TEMPS DE PAIX

INSTRUCTION PORTANT APPLICATION DE CE DÉCRET

(Extrait du *Bulletin officiel*, partie réglementaire, année 1900.)

PARIS

HENRI CHARLES-LAVAUZELLE

Éditeur militaire

10, Rue Danton, Boulevard Saint-Germain, 118

(MÊME MAISON A LIMOGES)

BULLETIN OFFICIEL
DU MINISTÈRE DE LA GUERRE.

Etat-Major de l'Armée ; Bureau des Etapes et des Chemins de fer. — N° 42.

Décret portant règlement sur les mouvements de troupes à l'intérieur, en temps de paix.

Documents abrogés : 1° *Arrêté consulaire du 1er fructidor an VIII.*
2° *Règlement du 20 juillet 1824.*

Classement : *Volume n° 100 du recueil du* Bulletin officiel *refondu, page 6.*

Paris, le 20 décembre 1899.

Rapport au Président de la République française.

Monsieur le Président,

J'ai l'honneur de soumettre à votre approbation un projet de décret ayant pour objet de coordonner, reviser et simplifier les dispositions relatives à la préparation et à l'exécution des mouvements de troupes en temps de paix.

Il n'existe pas actuellement, pour l'exécution des mouvements de troupes, de règlement d'ensemble formulant des dispositions de principe applicables à tous les modes de transport. Les prescriptions relatives aux mouvements de troupes par voie de terre en particulier, sont disséminées dans un grand nombre de documents dont quelques-uns, très anciens, ne sont plus en harmonie avec l'organisation actuelle de l'armée et le développement des voies de communication.

Il a paru nécessaire de remédier à cet état de choses et, en même temps, de reviser et simplifier toutes les dispositions relatives à la préparation et à l'exécution des mouvements de troupes.

Les principales modifications proposées aux prescriptions actuellement en vigueur sont les suivantes :

1° *Suppression des gîtes d'étapes.*

Aux termes de l'arrêté consulaire du 1er fructidor an VIII, les mouvements de troupes par voie de terre ne doivent s'effectuer que sur des routes jalonnées par des localités dites gîtes d'étapes où sont prévus le logement et l'alimentation des troupes en marche.

D'une part, les mouvements et les effectifs des troupes ont très notablement augmenté depuis cette époque : il en résulte, pour les localités gîtes d'étapes, des charges souvent excessives.

D'autre part, le réseau routier s'est considérablement développé et amélioré ; le système des gîtes d'étapes, qui limite les mouvements à un certain nombre de routes, ne permet pas de tirer de ce réseau tout le rendement désirable.

Enfin, la loi du 3 juillet 1877 et le décret du 2 août de la même année donnent la faculté de loger ou de cantonner les troupes en marche dans toutes les communes, sans arrêté de réquisition préalable, qu'elles soient ou non gîtes d'étapes.

Cette faculté a été reconnue par un avis du Conseil d'État du 5 août 1897.

Dans ces conditions, il est avantageux, à tous points de vue, de renoncer au système des gîtes d'étapes. La charge du logement pourra être répartie plus équitablement entre toutes les communes, et il deviendra possible de varier le tracé et la longueur des itinéraires, de manière à éviter aux troupes toutes fatigues inutiles.

2° *Décentralisation de la correspondance relative à l'exécution des mouvements de troupes.*

Le projet de décret ci-joint prévoit qu'en principe les commandants de corps d'armée seront chargés de régler, par délégation du Ministre, tous les mouvements à effectuer par voie de terre, de fer ou d'eau, le Ministre se réservant d'ordonner les mouvements et de ne régler que ceux qui sont urgents ou importants.

3° *Obligations respectives des municipalités et des troupes en marche.*

Les obligations des municipalités et des troupes à l'égard les unes des autres, qui, actuellement, ne paraissent pas être nettement définies, ont été explicitement indiquées dans le projet de décret.

En raison du caractère général des dispositions qu'il contient, ce projet de décret a été soumis à l'approbation de MM. les Ministres de la marine et de l'intérieur.

J'ai l'honneur de vous prier de vouloir bien le revêtir de votre signature.

Veuillez agréer, monsieur le Président de la République, l'hommage de mon respectueux dévouement.

Le Ministre de la guerre,
GALLIFFET.

Décret.

Le Président de la République française,

Sur le rapport du Ministre de la guerre,

Vu l'arrêté consulaire du 1er fructidor an VIII,

Vu la loi du 3 juillet 1877 sur les réquisitions militaires,

Vu le décret du 2 août 1877 au sujet de l'application de la loi précédente,

Vu la loi du 16 mars 1882 et le décret du 16 janvier 1883 sur l'administration de l'armée,

Vu le décret et l'instruction du 23 novembre 1886 modifiant le décret du 2 août 1877,

Vu le décret du 18 novembre 1889 sur les transports ordinaires par chemins de fer,

Vu le décret du 4 octobre 1891 sur le service dans les places de guerre et les villes ouvertes,

Vu les décrets du 20 octobre 1892 sur le service intérieur des corps de troupes,

Vu le décret du 15 décembre 1898 sur le service des frais de route,

Décrète :

CHAPITRE I.

DES CONDITIONS DANS LESQUELLES SONT ORDONNÉS LES MOUVEMENTS DE TROUPES.

Art. 1er. Les autorités auxquelles les règlements confèrent le droit d'ordonner un mouvement de troupe délivrent au chef de détachement un ordre de mouvement indiquant les conditions dans lesquelles doit s'effectuer le déplacement.

Art. 2. L'autorité qui *ordonne* un mouvement peut le *régler* elle-même ou le faire régler par ses délégués; toutefois, le mode de transport à employer (voie de terre, de fer ou eau) est toujours déterminé par l'autorité qui ordonne.

Art. 3. La voie de fer est employée, en principe, pour les isolés ou les détachements de faible effectif sans chevaux, et dans tous les cas où il est nécessaire d'abréger la durée totale du mouvement (cadres d'instruction, réservistes, chevaux de remonte, etc.).

Dans tous les autres cas, les mouvements se font de préférence par voie de terre, en raison de l'économie qui en résulte.

Art. 4. Tous les mouvements de troupes, sauf les exceptions prévues aux articles 5 et 6, sont ordonnés par le Ministre de la guerre.

En temps de paix, ils sont, en principe, réglés, par délégation du Ministre, par les commandants de corps d'armée intéressés.

Art. 5. Le commandant de corps d'armée ordonne et règle, dans la région placée sous son commandement, soit par voie ferrée, soit par voie de terre :

1º Les mouvements des détachements d'hommes et de chevaux dont les effectifs ne dépassent pas ceux indiqués à l'article 4 du décret du 18 novembre 1889 sur les transports en chemins de fer;

2º Les relèvements périodiques des garnisons prévus par les instructions ministérielles.

Art. 6. En cas de force majeure, les généraux commandant les corps d'armée peuvent, sous leur responsabilité, ordonner directement des mouvements, quels que soient l'effectif de la troupe et la distance.

En cas d'urgence, et notamment lorsqu'ils en sont requis, les commandants d'armes peuvent, dans les mêmes conditions, ordonner des mouvements de troupes. Ils rendent compte par télégramme au commandant de corps d'armée.

Les commandants de corps d'armée rendent compte immédiatement au Ministre des mouvements de troupes qu'ils ont ordonnés ou qui ont été ordonnés par des commandants d'armes, lorsque l'effectif de la troupe déplacée est supérieur à 20 hommes et 16 chevaux.

Art. 7. Les généraux commandant les corps d'armée s'informent entre eux de tout mouvement de troupes intéressant leurs territoires respectifs, quand la troupe doit prendre gîte dans une localité de ces territoires.

Les généraux commandant les corps d'armée donnent avis du mouvement aux généraux exerçant le commandement territorial et aux préfets.

L'avis est respectivement communiqué aux autorités militaires et civiles intéressées, notamment aux commandants d'armes et aux maires.

Indépendamment de l'avis que le préfet doit donner aux maires, ces derniers sont, en cas d'urgence, directement informés par les commandants de corps d'armée.

Art. 8. Une instruction spéciale fixe les conditions et les formes dans lesquelles sont donnés ces avis, qui doivent faire connaître les dates d'arrivée et de départ et l'effectif approximatif des troupes faisant mouvement.

CHAPITRE II.

DES MOUVEMENTS PAR VOIE DE TERRE.

Art. 9. L'autorité qui règle un mouvement de troupes par voie de terre fixe :

1º L'itinéraire à suivre ;

2º Les dates d'arrivée et de départ pour chacune des localités où le logement ou le cantonnement doit être demandé;

3º Les journées de repos, dites de *séjour*, qui sont attribuées aux troupes au cours du mouvement;

4º L'effectif approximatif des troupes qui doivent loger ou cantonner dans chaque localité, sous réserve des modifications que le chef de la colonne aurait à y apporter par suite de circonstances accidentelles (voir article 11).

Art. 10. L'autorité qui règle un mouvement doit, dans l'établissement des itinéraires, tenir compte, dans la mesure du possible, du tracé des itinéraires précédemment suivis, afin que la charge du logement soit égalisée, autant que possible, entre les diverses communes.

Art. 11. Lorsque la localité dans laquelle une troupe doit coucher se trouve privée de ses ressources normales (marchés, fêtes, etc...) ou que des circonstances de force majeure (épidémie, épizootie, etc...) motivent l'éloignement de la troupe, le chef de la colonne peut, sous sa responsabilité, faire loger ou cantonner tout ou partie de l'effectif dans les communes voisines. Il lui appartient, dans ce cas, de prévoir et d'ordonner les modifications que cette décision entraîne.

CHAPITRE III.

DES MOUVEMENTS PAR VOIE DE FER.

Art. 12. Les mouvements par voie de fer sont ordonnés et réglés conformément aux prescriptions du décret du 18 novembre 1889 sur les transports ordinaires par chemin de fer.

Art. 13. Lorsqu'une troupe voyageant par voie ferrée doit coucher en route, l'autorité qui règle le mouvement et la troupe qui l'exécute se conforment aux dispositions prévues par le présent décret pour les troupes voyageant par voie de terre.

CHAPITRE IV.

DES MOUVEMENTS PAR EAU.

Art. 14. Tous les mouvements de troupes entre le continent, la Tunisie, l'Algérie et la Corse sont ordonnés par le Ministre.

Ils sont, en principe, réglés par les soins des généraux commandant les 15ᵉ, 16ᵉ et 19ᵉ corps d'armée et la division d'occupation de Tunisie, par délégation du Ministre.

Art. 15. Les mouvements par voie de mer le long des côtes et les mouvements sur les voies de navigation intérieure sont ordonnés et réglés conformément aux dispositions du chapitre Iᵉʳ du présent décret (particulièrement articles 1, 2, 4, 5, 6 et 7).

CHAPITRE V.

DE L'INSTALLATION CHEZ L'HABITANT.

Art. 16. Quel que soit le mode de transport employé (par voie ferrée, par terre ou par eau) les troupes font valoir leurs droits au logement ou au cantonnement en présentant à la municipalité de la commune intéressée l'ordre (ou copie certifiée de l'ordre) en vertu duquel elles font mouvement.

Les isolés présentent leur feuille de route, ou le titre qui, aux termes des règlements, peut en tenir lieu.

Art. 17. La qualification de *gîte d'étapes* est supprimée.

Le logement et le cantonnement chez l'habitant peuvent être demandés à toutes les communes de France jusqu'à concurrence de la totalité des ressources qu'elles présentent pour l'installation des hommes, des animaux et du matériel. Ils comportent les prestations dont le détail est indiqué par la loi du 3 juillet 1877 et le décret du 2 août 1877.

Art. 18. Le mode habituel d'installation chez l'habitant est « le logement ». Toutefois, sur l'ordre du chef de la colonne, le cantonnement peut être substitué en totalité ou en partie au logement, si les ressources en logement font défaut ou si les intérêts militaires exigent le groupement des unités.

Art. 19. Le commandant d'une troupe qui se déplace désigne, pour assurer l'installation et l'alimentation de cette troupe, dans les différents gîtes :

1º *Un officier devançant la colonne* (de un à deux jours) chargé de *préparer* l'installation de la troupe et de prendre les dispositions préliminaires que comporte son alimentation ;

2º *Un officier de logement* qui, précédant la colonne de une ou plusieurs heures, *arrête* toutes les mesures relatives à l'installation de la troupe dans la localité ;

3º *Un officier d'approvisionnement* qui marche avec l'officier de logement et *arrête* toutes les mesures relatives à l'alimentation de la troupe.

Ces officiers reçoivent du commandant de la troupe toutes les instructions nécessaires pour leur mission.

La désignation de trois officiers pour les fonctions ci-dessus n'est faite que dans les colonnes d'un effectif important ayant à franchir plusieurs étapes.

Pour les petites unités (bataillon, compagnie, etc...) ces diverses fonctions peuvent être remplies par le même officier et, s'il y a lieu, confiées à des sous-officiers.

Si le détachement est commandé par un sous-officier, il n'y a pas lieu de le faire précéder par un gradé.

En cas d'urgence, même pour des unités d'un effectif important (régiment par exemple), l'envoi d'un officier devançant la colonne n'est pas obligatoire.

Art. 20. La répartition du logement et du cantonnement au point de vue de l'égalisation des charges entre les habitants de la commune incombe à la municipalité.

Les billets de logement sont établis par ses soins et présentés par le maire (ou le représentant de la municipalité) à l'officier devançant la colonne où, à défaut, à l'officier (ou sous-officier) de logement ou, enfin, au chef de la colonne si elle n'est pas précédée d'un officier ou d'un sous-officier.

Cet officier (ou ce sous-officier) s'assure que ces billets permettent, d'une manière générale, une bonne installation de la troupe, notamment en ce qui concerne la réunion dans le même quartier ou dans les mêmes rues des officiers, hommes et chevaux d'une même unité. Il donne à ce sujet au maire (ou au représentant de la municipalité) toutes les indications nécessaires et, le cas échéant, l'invite à modifier les billets précédemment établis.

Dans le cas prévu à l'article 18 l'officier (ou le sous-officier) fait connaître au maire l'effectif des fractions de troupes à cantonner. Le maire désigne d'après ces indications les locaux qui devront être occupés.

Art. 21. Le maire est tenu d'indiquer les habitations où se trouvent des personnes atteintes de maladies contagieuses, ainsi que celles où des cas de ces maladies se seraient récemment produits. Ces habitations sont rigoureusement exclues du logement et du cantonnement.

Le maire fait connaître à l'officier chargé de préparer et d'arrêter les dispositions relatives à l'installation de la troupe quelle est la meilleure eau de boisson de la commune, et lui signale, le cas échéant, les eaux mauvaises ou suspectes.

Art. 22. Le maire est tenu de ne pas affecter au logement militaire les écuries où se trouvent des animaux suspects de maladies contagieuses.

De son côté, le chef de la colonne doit, s'il existe dans son détachement des animaux atteints ou suspects de maladies contagieuses, en prévenir le maire dès son arrivée dans la commune. Le maire désigne les locaux isolés où seront logés les animaux et les hommes qui les soignent.

Art. 23. Le maire désigne, d'après les indications données par le chef de la colonne (ou son représentant), les locaux nécessaires pour les services généraux de la troupe (poste de police, bureaux, dépôts de bagages, etc.).

Il y assure le couchage, le chauffage et l'éclairage.

Art. 24. Lorsque le chef de la colonne (ou son représentant) ne trouve ni le maire ni ses adjoints au siège de la commune, il s'adresse, autant que possible, à un conseiller municipal ou, à défaut, à un habitant, pour se faire aider dans la répartition du logement ou du cantonnement. Il agit de même dans le cas d'un hameau éloigné du siège de la commune, s'il n'a pas eu le temps de faire prévenir la municipalité.

Art. 25. Un représentant de la municipalité reste à la mairie deux heures après l'arrivée de la troupe dans la localité afin d'y recevoir les réclamations des habitants et celles des militaires; celles-ci lui sont présentées par le chef de la colonne ou son délégué. Il y fait droit immédiatement si elles lui paraissent fondées.

Art. 26. Dans les places de guerre et villes de garnison qui possèdent des locaux disponibles pour le logement et le cantonnement des troupes, le commandant d'armes, après avoir pris l'avis des chefs de corps ou de service intéressés, fait connaître à la municipalité le nombre d'hommes ou d'animaux que les bâtiments militaires sont susceptibles de recevoir.

Art. 27. Lorsqu'un militaire malade ou blessé ne peut être immédiatement évacué soit sur sa garnison, soit sur un hôpital militaire, soit sur les salles militaires d'un hôpital mixte, le maire (ou son représentant) le fait admettre dans l'hôpital ou l'hospice de la commune. S'il n'en existe pas, le maire désigne un local convenable où le militaire est provisoirement traité jusqu'au moment où son transport devient possible. Le maire assure alors ce transport jusqu'à la station de chemin de fer ou l'hôpital le plus proche.

Les hommes malades des détachements non pourvus de médecins et les isolés sont soignés par un médecin civil désigné par le maire de la commune.

Art. 28. Lorsqu'un corps ou détachement arrive dans une localité pour y tenir garnison, il est considéré, en ce qui concerne les allocations, comme étant en marche le jour de son arrivée à destination.

Les isolés sont soumis aux règles déterminées par le règlement sur le service des frais de route.

En ce qui concerne les droits au logement chez l'habitant, les isolés, détachements et corps de troupe sont considérés comme étant en séjour le lendemain de leur arrivée dans la localité; ils ont donc droit à des billets de logement pendant deux nuits. Toutefois, les officiers ont droit à des billets de logement pendant trois nuits.

Art. 29. Les commandants de détachements, les isolés et les maires se conforment aux dispositions du décret du 4 octobre 1891 sur le service dans les places de guerre et villes ouvertes (notamment à celles prévues aux chapitres VIII et XIX).

CHAPITRE VI.

DE L'ALIMENTATION DES TROUPES EN MARCHE (ISOLÉS ET DÉTACHEMENTS).

Art. 30. Les isolés et les troupes en marche assurent eux-mêmes leur subsistance dans les conditions prévues par les règlements en vigueur.

Les chefs de colonne doivent, à cet effet, prendre, avant le départ et au cours de la route, toutes les dispositions que nécessite l'alimentation de leur troupe.

Art. 31. Les maires fournissent sur les ressources de leurs communes, aux chefs de colonne ou à leurs représentants, tous renseignements que ces derniers peuvent avoir à demander pour assurer l'alimentation de la troupe et faire les achats de denrées dont ils ont besoin.

D'une manière générale et notamment dans le cas prévu ci-dessous, les maires doivent faciliter par tous les moyens en leur pouvoir la recherche des denrées nécessaires.

Art. 32. *a*) Dans le cas ou l'une des personnes ayant passé un marché avec le représentant du chef de la colonne fait défaut ou ne remplit pas les conditions du marché, notamment en ce qui concerne la qualité des denrées, le litige est déféré à une commission composée ainsi qu'il suit (1) :

Le chef de la colonne ;

Les deux officiers, sous-officiers, caporaux ou soldats qui marchent hiérarchiquement après lui ;

Le maire ou, s'il est absent ou empêché, l'adjoint ou le conseiller municipal qui le supplée ;

Deux notables idoines désignés et convoqués par le maire ou son suppléant.

La voix du chef de la colonne est prépondérante.

b) Lorsque les denrées ont été livrées par un établissement en gestion directe, le litige en ce qui concerne la qualités des denrées, est porté devant une commission composée de :

Un officier supérieur,

Deux capitaines,

Un médecin ou un vétérinaire suivant la nature des denrées,

Le sous-intendant militaire (ou son suppléant),

Deux notables idoines choisis, l'un par le commandant d'armes, l'autre par le comptable, sur une liste dressée par l'autorité municipale.

La commission est convoquée et présidée par le commandant d'armes ou le major de la garnison.

---

(1) Décrets portant règlement sur le service intérieur des corps de troupe, articles 383 (infanterie), 375 (cavalerie) et 401 (artillerie).

Les officiers et assimilés sont pris parmi les plus anciens de leur grade ou de leur classe, soit dans les corps de la garnison, soit dans les corps de passage.

c) Les commissions constituées comme il est dit en *a*) et en *b*) prononcent sur le refus ou l'acceptation des denrées.

Leur fonctionnement est réglé par l'instruction pour l'application du présent décret, par le règlement sur le service intérieur et par des instructions ministérielles spéciales.

Art. 33. Les factures d'achats de denrées faits par des isolés on des chefs de détachements n'ayant pas rang d'officier doivent être légalisées par le maire de la commune où l'achat a été effectué.

CHAPITRE VII.

DU PAIEMENT DES INDEMNITÉS ET DES PRESTATIONS.

Art. 34. En règle générale, les isolés et les troupes perçoivent avant le départ tout ou partie des allocations auxquelles donne droit leur déplacement.

Pour les troupes en détachement, ces allocations sont décomptées d'après le nombre de journées de déplacement indiquées par l'ordre de mouvement (art. 9 du présent décret).

Pour les isolés, les allocations sont déterminées d'après le règlement sur le service des frais de route.

Art. 35. Les indemnités dues pour le logement et le cantonnement des troupes et celles dues pour les dégâts occasionnés par elles chez l'habitant sont justifiées et payées dans les conditions et la forme prescrites par la loi du 3 juillet 1877 et les décrets des 2 août 1877 et 23 novembre 1886.

Art. 36. Le mode de paiement des sommes dues pour services rendus ou prestations fournies (alimentation, transports, etc...) est déterminé par des règlements et instructions ministériels.

D'une manière générale, les mémoires ou les états de dépenses établis à l'appui des demandes ou des réclamations présentées doivent être légalisés par le maire et adressés par les réclamants aux corps de troupe ou services intéressés. Si ces corps ou services n'ont pas qualité pour donner satisfaction à ces demandes ou réclamations, ils les transmettent au directeur du service de santé, s'il s'agit d'honoraires dus à des médecins civils, et aux fonctionnaires de l'intendance dans tous les autres cas.

CHAPITRE VIII.

DISPOSITIONS SPÉCIALES AUX RASSEMBLEMENTS ET AUX MANŒUVRES.

Art. 37. En cas de rassemblement de troupes et notamment lors des manœuvres (y compris les marches de concentration et de dislocation) les prestations nécessaires aux troupes peuvent être obtenues par réquisition. A cet effet, un arrêté est pris par le Ministre de la guerre dans les conditions prévues à l'article I de la loi du 3 juillet 1877 : cet arrêté fait connaître aux municipalités intéressées la durée de la période pendant laquelle le droit de réquisition pourra être exercé.

Art. 38. Pendant les périodes de manœuvres, le cantonnement devient le mode général d'installation chez l'habitant.

Le logement est utilisé dans la mesure indiquée par l'autorité militaire.

Les troupes se conforment pour les détails de l'exécution du cantonnement et du logement aux prescriptions des décrets et instructions sur le service en campagne.

CHAPITRE IX.

DISPOSITIONS PARTICULIÈRES.

Art. 39. Les mouvements par voie de fer des troupes du département de la marine sont ordonnés et réglés conformément aux dispositions du titre IV du décret du 18 novembre 1889.

Les mouvements par voie de terre de ces troupes sont réglés par le Ministre de la guerre ou le commandant du corps d'armée (articles 4 et 5 du présent décret).

Art. 40. Sont abrogés l'arrêté consulaire du 1er fructidor an VIII, le règlement du 20 juillet 1824 et toutes les dispositions contraires au présent décret.

Art. 41. Les Ministres de la guerre, de la marine et de l'intérieur sont chargés, chacun en ce qui le concerne, de l'exécution du présent décret qui sera publié au Bulletin des Lois.

Fait à Paris, le 20 décembre 1899.

EMILE LOUBET.

Par le Président de la République.

Le Ministre de la guerre,
GALLIFFET.

Le Ministre de la marine,
DE LANESSAN.

Le Président du Conseil, Ministre de l'Intérieur,
WALDECK-ROUSSEAU.

TABLE DES CHAPITRES.

**Etat-Major de l'Armée; Bureau des Etapes et des Chemins de fer. —
N° 43.**

*Instruction pour l'application du décret du 20 décembre 1899
sur les mouvements de troupes à l'intérieur en temps de
paix.*

Documents abrogés : *Note ministérielle du 9 février 1886.*

Classement : *Volume n° 100 du recueil du Bulletin officiel refondu, à la
suite du décret du 20 décembre 1899 portant règlement sur les mouvements
de troupes à l'intérieur en temps de paix.*

Paris, le 30 décembre 1899.

CHAPITRE Iᵉʳ.

DES ORDRES ET AVIS DE MOUVEMENT.

Art. 1ᵉʳ. Les ordres et avis de mouvement prévus au chapitre Iᵉʳ
du décret du 20 décembre 1899, les demandes d'ordres et les
comptes-rendus de mouvement dont il est question ci-après sont
établis conformément aux modèles annexés à la présente instruction.

Art. 2. Quand un mouvement ordonné par le Ministre (état-
major de l'armée ou direction) doit être réglé par les soins de
l'état-major de l'armée (4ᵉ bureau) la dépêche ministérielle qui le
prescrit en fait mention.

Dans ce cas, le commandant du corps d'armée du point de départ adresse en temps utile au Ministre (état-major de l'armée,
4ᵉ bureau) une demande d'ordre de mouvement.

Aussitôt que le commandant du corps d'armée a reçu l'ordre de mouvement et l'itinéraire, il donne tous les ordres et avis que comporte l'exécution du mouvement.

Art. 3. Quand un ordre de mouvement émanant du Ministre (état-major de l'armée ou direction) ne spécifie pas que ce mouvement sera réglé par l'état-major de l'armée (4e bureau), le commandant du corps d'armée du point de départ à qui l'ordre de mouvement est adressé règle ce mouvement, et donne tous les ordres et avis nécessaires.

Art. 4. Lorsqu'un mouvement de troupes intéresse plusieurs régions de corps d'armée, les avis destinés aux généraux commandant les régions de corps d'armée intermédiaires et au général commandant la région du point d'arrivée leur sont adressés par le commandant de la région du point de départ.

Si le mouvement a été ordonné par le Ministre, les ordres et avis portent l'indication de la décision ministérielle qui l'a prescrit.

Art. 5. Lorsqu'un commandant d'armes est dans la nécessité d'ordonner un mouvement de troupes (1), il donne d'urgence tous les avis nécessaires aux autorités militaires et civiles intéressées et règle le mouvement, lors même que ce mouvement doit être exécuté en dehors des limites de la région de corps d'armée.

Art. 6. Hors le cas visé à l'article précédent, les avis de mouvement doivent, en principe, parvenir aux maires intéressés 4 jours au moins avant l'arrivée de la troupe.

Art. 7. Lorsque l'exécution d'un mouvement a donné lieu à une observation ou à un incident, un rapport spécial est adressé au commandant de corps d'armée intéressé qui rend compte sans délai au Ministre (état-major de l'armée, 4e bureau) des observations ou des faits qu'il juge utile de lui signaler.

En dehors de ces rapports spéciaux, il n'est établi d'autres comptes rendus que ceux prévus à l'article 10 ci-après et à l'article 6 du décret du 20 décembre 1899.

Art. 8. Il appartient aux commandants de corps d'armée et, à défaut, à toutes les autorités qui reçoivent avis d'un mouvement de troupes, de prescrire, s'il y a lieu, les mesures nécessaires pour assurer le maintien de l'ordre aux divers points de passage des détachements ou des isolés.

Avis des dispositions prises ou à prendre est donné, le cas échéant, aux autorités civiles et aux administrations intéressées.

Quand il s'agit d'un mouvement par voie ferrée, on se conforme en outre aux dispositions du règlement du 18 novembre 1889.

Art. 9. Lorsqu'une troupe absente de sa garnison devra la

---

(1) Article 6 du décret du 20 décembre 1899.

rejoindre d'urgence, l'ordre lui en sera donné télégraphiquement par le Ministre, si le mouvement doit avoir lieu par voie ferrée, et par le commandant du corps d'armée du lieu de garnison s'il doit s'exécuter par voie de terre.

Dans le 1er cas, l'ordre ministériel réglera l'itinéraire ou indiquera les conditions du transport; dans le second cas, le commandant de la troupe réglera lui-même son mouvement en suivant l'itinéraire le plus rapide et sans tenir compte des gîtes primitivement fixés. Il donnera avis télégraphique de la date de son retour à son chef de corps ou au commandant de son dépôt.

En outre, dans les deux cas visés ci-dessus, le commandant de la troupe devra, sans autre ordre, utiliser tous moyens de transport rapides (chemins de fer, voitures, etc.....) pour faire devancer la colonne par la fraction de son personnel dont il y aurait lieu de hâter plus particulièrement l'arrivée dans la garnison en raison des circonstances qui auront motivé le retour immédiat de la troupe.

Art. 10. Afin de permettre, le cas échéant, l'exécution des dispositions visées à l'article 9 ci-dessus, les commandants de corps d'armée doivent, en tout temps, adresser au Ministre (état-major de l'armée, 4e bureau) en double expédition un compte rendu (modèle 2 ou 4) pour toute unité constituée (compagnie, escadron, batterie, etc.....) s'éloignant de plus d'une étape de sa garnison.

Sauf le cas de force majeure, ce compte-rendu est envoyé avant l'exécution du mouvement.

Toutefois, lors des manœuvres d'automne, il ne sera fourni que pour les marches de concentration et de dislocation à l'exclusion de la période des manœuvres proprement dite.

CHAPITRE II.

DES MOUVEMENTS PAR VOIE DE TERRE.

Art. 11. Les itinéraires par voie de terre sont tracés de manière à assurer aux troupes une bonne installation et à répartir équitablement les charges du logement entre les communes, en tenant compte de leurs ressources et des passages antérieurs de troupes.

En raison de ces conditions, les itinéraires peuvent ne pas être tracés suivant la route la plus courte, sous la réserve de ne pas augmenter sensiblement le nombre des étapes et la fatigue de la troupe.

Art. 12. La distance à franchir chaque jour et l'espacement des jours de séjour varient avec les armes, le degré d'instruction et d'entraînement de la troupe, les conditions climatériques, la nature et l'état des chemins, la longueur de l'itinéraire.

Les journées de repos, dites de *séjour*, sont accordées après un parcours de 90 à 110 kilomètres pour les troupes à pied et de 110 à 160 kilomètres pour les troupes à cheval, c'est-à-dire généralement après 3, 4 ou 5 jours de marche.

Art. 13. Les corps qui font mouvement peuvent former plusieurs colonnes qui, elles-mêmes, peuvent être fractionnées si les ressources d'une localité ne permettent pas de loger (ou de cantonner) la totalité de l'effectif.

L'autorité qui règle le mouvement donne, dans ce cas, les indications et avis nécessaires.

Art. 14. Quand un mouvement intéresse plusieurs régions de corps d'armée, le projet d'itinéraire est établi par le commandant de corps d'armée du point de départ, de concert avec les commandants des régions intermédiaires et de la région d'arrivée.

En raison du grand nombre de mouvements s'exécutant à certaines époques sur le territoire de la 6e région, les projets d'itinéraires pour des mouvements intéressant cette région doivent être établis en prenant pour base les indications données par le général commandant le 6e corps.

Si le commandant du corps d'armée du point de départ doit régler le mouvement, il adresse aux autorités chargées de l'exécution l'itinéraire établi comme il est dit ci-dessus.

Si, par exception, le mouvement doit être réglé par le Ministre, le commandant de corps d'armée lui transmet le projet d'itinéraire avec la demande d'ordre de mouvement. Cette demande spécifie que le projet a été établi après entente avec les commandants de corps d'armée intéressés.

Art. 15. Aussitôt qu'un corps de troupe a reçu un ordre de mouvement, il en adresse une copie certifiée conforme au sous-intendant militaire chargé du service de marche (ou, en cas d'urgence, au suppléant militaire du point de départ). A cette copie est jointe une invitation de feuille de route indiquant notamment les effectifs en officiers, hommes de troupe, chevaux et voitures qui seront mis en route et le nombre de voitures de complément nécessaires.

Art. 16. Au reçu des pièces indiquées à l'article précédent, le sous-intendant (ou le suppléant militaire) adresse au corps intéressé la feuille de route du corps ou du détachement et les pièces nécessaires pour l'exécution du mouvement (bons de convois, etc...)

Le sous-intendant indique, en outre, au chef de corps celles des localités désignées comme gîtes sur l'ordre de mouvement où il existe des établissements en gestion directe.

Art. 17. Au reçu des pièces indiquées à l'article précédent, le corps ou détachement prend les dispositions suivantes :

a) Il fait connaître directement aux maires des communes désignées comme gîtes :

1º L'effectif de la troupe en officiers, hommes, chevaux et voitures ;

2° Les quantités de pain, viande, fourrages et autres denrées qu'il se propose d'acheter sur place;

3° Le nombre de voitures dont il a besoin.

Il les invite à tenir prêtes les listes des commerçants et voituriers de la localité disposés à livrer les denrées et les moyens de transport précités, avec indication des prix courants. Ces listes doivent être présentées par le maire à l'officier qui devance la colonne (voir art. 19 du décret du 20 décembre 1899).

b) Le chef de corps ou de détachement fait connaître au sous-intendant militaire qui a délivré la feuille de route les quantités de denrées dont il se propose de demander la livraison aux établissements en gestion directe.

Ce sous-intendant en avise les gestionnaires de ces établissements par l'intermédiaire du sous-intendant dont ils relèvent.

Le chef de corps ou de détachement fait connaître en temps utile à ces gestionnaires les quantités exactes des denrées à livrer et la date et l'heure de distribution.

Art. 18. En cas de nécessité, les chefs de corps, les commandants de détachements, les sous-intendants militaires peuvent faire usage du télégraphe ou du téléphone, mais seulement lorsqu'il y a urgence absolue et impossibilité de prévenir par l'intermédiaire de la poste.

Art. 19. Dans les circonstances prévues à l'article 11 du décret du 20 décembre 1899, le chef de la colonne, averti généralement par l'officier qui devance le détachement, peut faire loger ou cantonner tout ou partie de sa troupe dans des communes autres que celles désignées comme gîtes sur l'ordre de mouvement.

Dans ce cas, il modifie lui-même le fractionnement de sa troupe, l'itinéraire à suivre, avise le plus tôt possible les maires des communes intéressées, et prescrit toutes les modifications de détail (alimentation, bagages, service médical, etc...) que nécessite le changement ordonné; il en rend compte au général commandant la région.

Le chef d'une colonne ne devra jamais craindre d'engager sa responsabilité en ordonnant un changement de gîte dont il aura prévu toutes les conséquences; il se rappellera qu'il est avant tout responsable de la bonne exécution du mouvement et de la santé de la troupe sous ses ordres.

CHAPITRE III.

DES MOUVEMENTS PAR VOIE DE FER.

Art. 20. Les demandes, ordres, avis et comptes rendus de mouvements par voie de fer doivent toujours nettement indiquer le nombre d'animaux de trait, de selle et de bât, ainsi que le nombre et le type des voitures qui doivent être transportées.

Les voitures qui ne font pas mouvement par voie de terre sont, en principe, transportées par petite vitesse.

Les bagages sont transportés en grande vitesse jusqu'à concurrence de 30 kilogrammes par homme. L'excédent est expédié par petite vitesse.

Le transport par grande vitesse des voitures, du matériel et des bagages excédant 30 kilogrammes par homme, ne peut être effectué qu'avec l'autorisation du Ministre.

Art. 21. Les billets collectifs et, s'il y a lieu, les rapports spéciaux sur les incidents survenus en cours de route (1) sont adressés, après exécution du transport, aux autorités désignées à l'article 22 du règlement du 18 novembre 1889.

CHAPITRE IV.

DES MOUVEMENTS PAR EAU.

Art. 22. Les détachements et isolés faisant mouvement par voie de mer se conforment aux dispositions spéciales régissant ce mode de transport et en particulier aux prescriptions de l'instruction ministérielle du 1er mai 1897.

Art. 23. Les mouvements de France en Tunisie, en Algérie et en Corse étant réglés, en principe, par les généraux commandant les 15e et 16e corps d'armée, par délégation du Ministre (2), les commandants de corps d'armée de l'intérieur ne doivent diriger aucun détachement sur un port d'embarquement de France avant de s'être entendus au préalable avec le général commandant le 15e ou le 16e corps.

Art. 24. Des décisions ministérielles spéciales fixent le ou les ports où doivent s'embarquer les détachements ou isolés provenant de chaque corps d'armée.

En l'absence de prescriptions spéciales, le port d'embarquement est, en principe, le port le plus rapproché (par voie de fer) du point de départ.

Art 25. Il appartient à MM. les généraux commandant les 15e, 16e et 19e corps et la division d'occupation de Tunisie de fixer l'effectif au-dessus duquel les commandants d'armes des ports d'embarquement doivent aviser télégraphiquement les commandants d'armes des ports de débarquement de l'effectif transporté par chaque bateau.

---

(1) Article 7 de la présente instruction.
(2) Art. 14 du décret du 20 décembre 1899.

CHAPITRE V.

DE L'INSTALLATION CHEZ L'HABITANT.

Art. 26. Le droit au logement et au cantonnement est acquis à toute troupe voyageant en vertu d'un ordre de mouvement ou au moyen d'une feuille de route (ou d'un titre, en tenant lieu), même si la municipalité n'a pas reçu d'avis préalable.

En cas de force majeure, ce droit peut être exercé dans des localités autres que celles désignées comme point d'arrivée et comme gîtes sur l'ordre de mouvement ou sur la feuille de route. Cette disposition est applicable notamment dans les cas prévus par l'article 11 du décret du 20 décembre 1899 et les articles 9 et 19 de la présente instruction et dans le cas où un détachement voyageant par voie ferrée est obligé de suspendre ou de modifier son itinéraire.

Les isolés ont droit au logement chez l'habitant dans les conditions définies par le règlement sur le service des frais de route (1).

Art. 27. Le droit au logement comporte :

1o La place au feu et à la lumière;

2o Pour chaque cantinière, et, autant que possible, pour chaque sous-officier et pour deux caporaux ou soldats, un lit garni d'une paillasse, d'un matelas (ou un lit de plumes), d'une couverture, d'un traversin et d'une paire de draps propres;

3o Les ustensiles nécessaires pour préparer et manger le repas.

La préparation du repas se faisant par unité (escouade, pièce, etc.....), le maire désigne entre les habitants chez lesquels sont logés les hommes de l'unité, celui ou ceux qui doivent fournir les ustensiles.

Le cantonnement ne comporte pas les prestations visées aux paragraphes 2o et 3o ci-dessus.

Les officiers, assimilés et employés traités comme officiers ont droit à des chambres (à un ou deux lits) reconnues propres à cet usage.

En outre, les corps ou détachements logés ou cantonnés ont droit aux locaux nécessaires pour les services généraux (poste de police, bureaux des états-majors, dépôts de bagages, abris pour les voitures, etc.....).

---

(1) Le droit des isolés au logement chez l'habitant résulte de la feuille de route dont ils sont porteurs ou du titre qui en tient lieu. Ce droit peut être exercé dans les localités fixées par le titre visé ci-dessus et dans toutes autres où des incidents de route obligent les isolés à s'arrêter.

Les isolés du grade d'officier ne doivent recourir au logement chez l'habitant que lorsqu'ils y sont obligés par des circonstances exceptionnelles. (Article 32 du décret du 15 décembre 1898 sur le service des frais de route.)

Art. 28. A son arrivée dans une localité désignée comme gîte, l'officier devançant la colonne se présente chez le commandant d'armes et prend ses instructions.

Il se rend ensuite à la mairie et s'entend avec le représentant de la municipalité sur les dispositions à prendre pour assurer l'installation et l'alimentation de la troupe. Il répartit entre les différentes unités du détachement les billets de logement établis par le maire (ou son délégué) ou les locaux de cantonnement que ce dernier lui désigne.

Lorsqu'il est impossible à l'officier devançant la colonne d'assurer le logement ou le cantonnement de la totalité de la troupe, il en rend compte immédiatement au commandant de la colonne, en lui indiquant les causes d'impossibilité (fêtes, épidémies, sinistres, etc.).

Art. 29. Avant de partir de chaque localité, l'officier devançant la colonne laisse à la mairie, à l'adresse du commandant de cette colonne, une lettre rendant compte des mesures prises tant au point de vue du logement qu'à celui de l'alimentation.

Le commandant du logement prend connaissance de ces indications et arrête avec la municipalité les détails de l'installation de la troupe.

Art. 30. Les relations entre les troupes en marche et la gendarmerie sont définies par les règlements spéciaux à cette arme.

D'une manière générale, les chefs de brigade de gendarmerie doivent se mettre à la disposition des commandants de colonnes et des officiers (ou sous-officiers) envoyés pour préparer ou pour arrêter les mesures relatives à l'installation et à l'alimentation de la troupe.

En outre, la gendarmerie a dans ses attributions la police des localités occupées et la surveillance des isolés (isolés en marche et isolés laissés par les corps).

Art. 31. Les commandants de colonnes prennent des mesures spéciales en vue d'éviter que les hommes ne boivent une eau impure ou simplement suspecte. Ils donnent des instructions formelles pour que les hommes ne pénètrent pas dans les habitations où des personnes atteintes de maladies contagieuseses se trouveraient en traitement, ni dans celles où se seraient produits récemment des cas de ces maladies.

Art. 32. Les malades qui peuvent être évacués sont envoyés par le chef de la colonne à la station de chemin de fer ou à l'hôpital le plus proche. Si cela est nécessaire, ils peuvent être accompagnés par des hommes qui doivent rejoindre le détachement le plus tôt possible.

Les malades qui ne sont pas transportables sont traités dans les conditions de l'article 27 du décret du 20 décembre 1899.

Aussitôt qu'ils peuvent être évacués, le maire assure leur transport à l'aide de bons de convois jusqu'à l'hôpital le plus proche ou jusqu'à la station la plus voisine dans les conditions prévues par le règlement sur le service des convois à l'intérieur.

En cas de décès, le maire prévient par télégramme le commandant du corps auquel l'homme appartient.

Art. 33. Lorsqu'un animal est dans l'impossibilité de continuer la route, le chef de la colonne décide s'il y a lieu de le diriger par voies ferrées sur sa garnison ou de le laisser sur place. Il rend compte au général commandant la subdivision et prévient immédiatement le commandant d'armes si la localité est ville de garnison.

Il opère ensuite comme il suit :

1° *Animal à renvoyer par les voies ferrées.*

a) Le chef de détachement, s'il est officier, demande au sous-intendant militaire en résidence dans la localité un bon de chemin de fer. S'il n'y a pas de sous-intendant, ou en cas d'urgence, le chef de détachement établit, en double expédition, un ordre de mouvement pour le transport de l'animal et de l'homme qui doit l'accompagner ; une expédition est remise au chef de gare (1), l'autre est conservée par l'homme.

b) Le chef de détachement, s'il n'est pas officier, rend compte immédiatement au commandant d'armes qui désigne le corps de troupe à la surveillance duquel l'homme et l'animal seront confiés. S'il est nécessaire ils y sont mis en subsistance.

S'il n'y a pas de garnison dans la localité, l'homme et le cheval sont confiés à la surveillance de la brigade de gendarmerie la plus proche. Le cheval peut être mis en subsistance dans cette brigade.

Le commandant d'armes ou le commandant de la brigade de gendarmerie demande sans retard un bon de chemin de fer au sous-intendant militaire en vue du renvoi immédiat de l'homme et de l'animal dans leur garnison.

2° *Animal ne pouvant voyager par les voies ferrées.*

Dans ce cas l'animal et l'homme désigné pour le soigner sont placés en subsistance dans un corps de troupe désigné par le commandant d'armes. S'il n'y a pas de garnison dans la localité, ils sont confiés à la gendarmerie dans les conditions indiquées ci-dessus au § *b*. S'il n'y a, dans la localité, ni corps de troupe ni gendarmerie, ils sont confiés au maire qui prévient immédiatement la brigade de gendarmerie dans le ressort de laquelle se trouve la commune.

Dès que l'animal est rétabli, le commandant d'armes ou le commandant de la brigade de gendarmerie demande un bon de che-

---

(1) Article 20 du règlement du 18 novembre 1889 sur les transports militaires par chemins de fer.

min de fer au sous-intendant militaire, en vue du renvoi immédiat de l'homme et de l'animal dans leur garnison. Il rend compte au général commandant la subdivision de la date à laquelle l'homme et l'animal doivent être mis en route pour rejoindre leur garnison.

Art. 34. Les hommes laissés en arrière pour soigner des chevaux blessés (art. 33 ci-dessus) et confiés à la surveillance d'un corps de troupe ou d'une brigade de gendarmerie reçoivent des corps de troupe ou, à défaut, du sous-intendant militaire voisin, à la diligence du commandant de cette brigade, les mandats et indemnités de route auxquels ils ont droit.

Art. 35. Afin d'assurer l'exécution des dispositions de l'article 33 ci-dessus, les commandants de corps d'armée doivent donner aux commandants d'armes et aux commandants de brigade de gendarmerie une délégation permanente dans les conditions prévues à l'article 6 du décret du 18 novembre 1889.

Art. 36. Lorsque, exceptionnellement, des détachements de différents corps doivent loger dans la même commune, des dispositions spéciales sont prises, s'il y a lieu, par l'autorité qui ordonne le mouvement, ou par l'officier auquel le commandement appartient en vertu des règlements militaires. Cet officier remplit dans la localité les fonctions de commandant d'armes.

Art. 37. Un officier ou, exceptionnellement, un sous-officier reste à la mairie pendant trois heures après le départ de la troupe pour recevoir les plaintes des habitants et, s'il y a lieu, constater, contradictoirement avec un représentant de la municipalité, les dommages et dégâts causés par la troupe.

Autant que possible les indemnités à payer par les corps sont évaluées à l'amiable, séance tenante, et, si leur montant n'excède pas une somme fixée par le chef de corps, réglées immédiatement par l'officier.

Si l'accord ne peut s'établir ou si le montant des indemnités à payer dépasse la somme dont dispose l'officier, ce dernier établit avec le représentant de la municipalité *un procès-verbal de constat* en deux expéditions dont l'une est remise au chef de la colonne et l'autre au réclamant. Cette pièce, signée par l'officier et le représentant de la municipalité, servira de base au règlement ultérieur du litige.

En tout cas, le certificat relatif à la conduite tenue par les soldats à l'égard de leurs hôtes, prévu par le décret du 4 octobre 1891 sur le service des places de guerre et villes ouvertes (article 162), sera retiré par l'officier ou le sous-officier.

Toute réclamation non présentée dans le délai de trois heures après le départ de la colonne est irrecevable.

Art. 38. Si la colonne est commandée par un sous-officier, il n'est pas laissé de gradé après le départ de la colonne; les réclamations doivent, par suite, être présentées avant le départ du détachement, dont le chef agit alors d'après les règles posées ci-dessus.

CHAPITRE VI.

DE L'ALIMENTATION DES TROUPES EN MARCHE (ISOLÉS ET DÉTACHEMENTS).

Art. 39. Les isolés assurent eux-mêmes leur subsistance à l'aide d'une indemnité journalière de l'emploi de laquelle ils ne sont pas tenus de rendre compte.

Les isolés emmenant des animaux reçoivent, avant le départ, pour la durée totale du trajet, soit l'indemnité représentative de fourrages, soit des bons à talons pour fournitures accidentelles de fourrages. Ils sont tenus de justifier de l'emploi de l'indemnité en remettant, à l'arrivée, les factures d'achat légalisées par le maire de la commune où l'achat a été effectué. Les dispositions de ce paragraphe ne s'appliquent ni aux officiers, ni aux ordonnances ou cavaliers qui les accompagnent.

Art. 40. Au reçu de l'ordre de mouvement, le commandant de la troupe se met en rapport avec les municipalités, conformément aux prescriptions de l'article 17 de la présente instruction.

Il peut, s'il le juge utile, faire toucher avant le départ un ou deux jours de vivres de réserve qui seront, s'il y a lieu, renouvelés en cours de route. Ces vivres permettront, le cas échéant, d'obvier aux inconvénients résultant de l'impossibilité de se procurer les vivres nécessaires dans des conditions convenables.

Art. 41. L'officier devançant la colonne, après avoir pris, auprès de la municipalité, les renseignements nécessaires (art. 28 et 29), se met en relations avec les divers commerçants ou entrepreneurs susceptibles de fournir à la troupe les denrées, moyens de transport, etc..., dont elle a besoin. Il leur fait connaître d'une manière approximative les quantités nécessaires et les dates et lieux de livraison et il se renseigne sur les prix et conditions de fourniture; il prévient ces commerçants qu'il n'a pas qualité pour traiter avec eux et que la fourniture des denrées, etc..., fera l'objet de marchés qui seront passés par l'officier d'approvisionnement (ou par l'officier de logement) (voir article 19 du décret).

S'il existe dans la colonne un officier d'approvisionnement, cet officier se conforme aux prescriptions de l'instruction ministérielle du 22 août 1899 concernant les officiers d'approvisionnement, sous la réserve de n'effectuer de réquisitions qu'aux époques et dans les régions où le droit de requérir pourrait être exercé en vertu d'arrêté du Ministre (décret du 2 août 1877, article 2).

S'il n'existe pas d'officier d'approvisionnement et que l'officier de logement soit chargé d'arrêter les dispositions relatives à l'alimentation (article 19 du décret) ce dernier se conforme, autant que possible, aux indications données par les annexes à l'instruction sur les officiers d'approvisionnement.

Art. 42. Dans le cas où, un marché étant devenu définitif, le fournisseur fait défaut ou ne remplit pas les conditions du marché, le litige est soumis à une commission composée comme il est dit à l'article 32 du décret du 20 décembre 1899.

Le procès-verbal est établi en double expédition par les soins du chef de la colonne.

S'il s'agit de constater la non-exécution des clauses du marché, la commission signe *un procès-verbal de constat* qui servira éventuellement à poursuivre le fournisseur pour lé dommage pécuniaire qui en serait résulté.

Une copie du procès-verbal est, dans tous les cas, adressée par le chef de la colonne, au fonctionnaire de l'intendance du territoire.

Si un fournisseur fait défaut ou si, la commission ayant refusé tout ou partie des denrées, il n'est pas possible de s'en procurer d'autres en temps utile, le commandant de la colonne peut, s'il le juge convenable, faire consommer les vivres de réserve (art. 40)

CHAPITRE VII.
DU REMBOURSEMENT DES PRESTATIONS.

Art. 43. Le médecin civil désigné pour le traitement des malades (et, s'il y a lieu, le pharmacien) établissent en double expédition des factures faisant ressortir les sommes qui leur sont dues soit comme honoraires, soit pour fournitures de médicaments. Les factures doivent mentionner le nom du malade, l'unité à laquelle il appartient, la date des consultations, la localité où elles ont été données, celle où habite le médecin et la distance qui sépare ces deux localités.

Les factures, légalisées par le maire de la commune où habitent le médecin (et le pharmacien), sont adressées au conseil d'administration du corps qui certifie la durée du séjour et les transmet au directeur du service de santé du corps d'armée.

Celui-ci, après vérification, fait établir les mandats et les adresse aux intéressés.

Art. 44. Lorsqu'un animal a été laissé dans une localité, le vétérinaire désigné pour le soigner (et, s'il y a lieu, le pharmacien et le fournisseur des fourrages) établissent des factures dans les conditions indiquées à l'article précédent. Ces factures, légalisées par le maire de la commune où habitent le vétérinaire (le pharmacien et le fournisseur des fourrages), sont adressées au conseil d'administration du corps auquel appartient l'animal ou du corps dans lequel il est placé en subsistance pour les soins vétérinaires.

Ce conseil d'administration, après vérification, fait établir les mandats et les adresse aux intéressés.

Art. 45. Lorsqu'un homme est laissé en arrière sans être hospitalisé, il a droit à l'indemnité journalière spéciale attribuée aux isolés. Cette indemnité, imputée au service des frais de route, est payée par le corps au maire de la commune qui en fait remettre le montant à l'intéressé.

Art. 46. Dans les communes où la liste des voituriers prescrite par le règlement sur le service des convois militaires à l'intérieur n'a pas été établie, le chef de la colonne s'adresse au maire qui lui indique les personnes pouvant fournir le nombre nécessaire de colliers et les prix ordinairement demandés.

Le paiement des fournitures de convoi faites aux isolés ou aux détachements est effectué conformément aux dispositions du règlement sur le service des convois à l'intérieur.

CHAPITRE VIII.
DISPOSITIONS PARTICULIÈRES.

Art. 47. Les dépenses résultant des mouvements des troupes qui ne dépendent pas du département de la guerre ou qui ne sont pas à sa charge sont réglées conformément aux dispositions de règlements spéciaux.

Art. 48. Sont abrogées les dispositions contraires à celles contenues dans la présente instruction, notamment la note ministérielle du 9 février 1886.

Le Ministre de la guerre,

Galliffet.

Le Président du conseil,
Ministre de l'intérieur,

Waldeck-Rousseau.

Annexes à l'Instruction pour l'application du décret du 20 décembre 1899.

ANNEXE A.

Il existe cinq modèles : deux (n°s 1 et 2) pour les mouvements par voie de fer ou de mer ; deux (n°s 3 et 4) pour les mouvements par voie de terre ; un (n° 5) pour les mouvements par voie de mer.

Les modèles 1 et 3 sont utilisables pour les demandes, les ordres et les avis de mouvement (art. 2 de l'Instruction) ; les numéros 2 et 4 pour les comptes-rendus prévus par l'article 10 de l'Instruction.

Le modèle 5 est utilisable pour les demandes, ordres et avis de mouvement par voie de mer. Toutefois, quand un mouvement par voie de mer succédera immédiatement à un mouvement par voie de fer ou de terre, on pourra, pour diminuer le nombre des demandes, ordres et avis à établir, utiliser les modèles 1 ou 3 portant les indications relatives au mouvement par voie de fer ou de terre du corps ou détachement, et les compléter par l'inscription du port et de la date d'embarquement, du port de débarquement et de la destination.

Les ordres sont imprimés soit sur papier format tellière feuille simple, soit sur papier format tellière feuille double.

°CORPS D'ARMÉE.

—

ÉTAT-MAJOR.

—

° BUREAU.

N°

(a) ORDRE de mouvement par voie de fer
adressé à M. le

à

Mouvement { ordonné par M. le
{ (d) réglé par M. le

MODÈLE N° 1.

(a) Ajouter, s'il y a lieu, les mots : *Avis d'* ou *Demande d'*.
(b) 30 kilog. au maximum par officier ou homme de troupe compris dans les col. 2, 3 et 4.
(c) Les bagages excédant 30 kilog. par homme, les voitures et le matériel ne peuvent être transportés en grande vitesse que sur une autorisation spéciale du Ministre.
(d) Ajouter, s'il y a lieu : sera.

DÉSIGNATION DES CORPS ou détachements à mettre en mouvement	TRANSPORT EN GRANDE VITESSE.							TRANSPORT EN PETITE VITESSE.			EMPLACEMENT DE LA TROUPE. — Gare de départ. — Date et heure de départ.	ITINÉRAIRE.					GARE D'ARRIVÉE. — Date et heure d'arrivée. — Destination.	OBSERVATIONS.
				CHEVAUX			Bagages. (Poids approximatif (b)	VOITURES		Bagages et matériels divers (Poids approximatif) (c).		POINTS de passage.	DÉPART.		ARRIVÉE.			
	Officiers.	Sous-officiers.	Troupe.	de selle.	de trait.	Mulets.		à 2 roues.	à 4 roues.				Date.	Heure.	Date.	Heure.		
1	2	3	4	5	6	7	8	9	10	11	12	13	14	15	16	17	18	19

A , le 19 .

Le Général, commandant le ° corps d'armée.
P. O. Le Chef d'état-major,

° CORPS D'ARMÉE.

ETAT-MAJOR.
—
° BUREAU.

N°

COMPTE-RENDU *d'un mouvement par voie de fer, adressé à Monsieur le Ministre de la guerre* (Etat-major de l'armée; 4e Bureau.)

Modèle N° 2.

Art. 10 de l'Instruction du 30 décembre 1899 sur les mouvements de troupes à l'intérieur en temps de paix.

Mouvement { ordonné par M. le / réglé par M. le

DÉSIGNATION DES CORPS ou détachements.	TRANSPORT EN GRANDE VITESSE.			Chevaux			Bagages (Poids approximatif).	TRANSPORT EN PETITE VITESSE Voitures (A).		Bagages et matériels divers (Poids approximatif).	EMPLACEMENT DE LA TROUPE. — Gare de départ. — Date et heure de départ	GARE D'ARRIVÉE. — Date et heure d'arrivée. — Destination.	INDICATIONS RELATIVES au retour dans la garnison (B).	OBSER-VATIONS.
	Officiers.	Sous-officiers.	Troupe.	de selle.	de trait.	Mulets.		à 2 roues.	à 4 roues.					
1	2	3	4	5	6	7	8	9	10	11	12	13	14	15

A   , le   19 .

Le Général commandant le   ° corps d'armée,

P. O. *Le Chef d'état-major,*

(A) Indiquer dans la colonne « Observations », le type des voitures (fourgons, forges, fourragères, etc.) et le nombre des voitures de chaque type.

(B) Indiquer dans la colonne 14 la date probable ou réelle du retour et, s'il y a lieu, l'itinéraire.

• CORPS D'ARMÉE.

ÉTAT-MAJOR.

• BUREAU.

N°

(1)

MODÈLE N° 3.

ORDRE de mouvement par voie de terre
adressé à M. le

à
____

Mouvement { ordonné par M. le
{ (3)   réglé par M. le

(2)

(1) Ajouter, s'il y a lieu, les mots : *Avis d'* ou *Demande d'*.

(2) Ajouter, s'il y a lieu : *Après entente avec les généraux commandant les corps d'armée intéressés.*

(3) Ajouter, s'il y a lieu : *sera.*

DÉSIGNATION DES CORPS ou détachements à mettre en mouvement.	EFFECTIF.								EMPLACEMENT de la troupe — Date de départ.	ITINÉRAIRE.				DESTINATION — Date d'arrivée.	OBSERVA-TIONS.
	Officiers.	Sous-officiers.	Troupe.	Chevaux de selle.	Chevaux de trait.	Mulets.	VOITURES. à 2 roues.	à 4 roues.		LOCALITÉS.	DÉPAR-TEMENTS.	DATE d'arrivée	DATE de départ.		

A   , le   19

Le Général commandant le •   corps d'armée.
P. O. Le Chef d'état-major,

° CORPS D'ARMÉE.

ÉTAT-MAJOR.
—
° BUREAU.

N°

COMPTE - RENDU *d'un mouvement par voie de terre adressé à Monsieur le Ministre de la guerre. (Etat-major de l'armée; 4e Bureau.)*

Mouvement { ordonné par M. le
{ réglé par M. le

MODÈLE N° 4.

Art. 10 de l'Instruction du 30 décembre 1899 sur les mouvements de troupes à l'intérieur en temps de paix.

| DÉSIGNATION DES CORPS ou détachements. | OFFICIERS. | SOUS-OFFICIERS. | TROUPE. | CHEVAUX | | MULETS. | VOITURES (A) | | BAGAGES et matériels divers. — Poids approximatif | EMPLACEMENT de la troupe. — DATE DE DÉPART. | ITINÉRAIRE. | | | | DESTINATION. — DATE D'ARRIVÉE. | INDICATIONS RELATIVES au retour dans la garnison. (B) | OBSERVATIONS. |
				de selle,	de trait.		à 2 roues.	à 4 roues.			LOCALITÉS.	DÉPAR-TEMENTS.	DATE d'arrivée.	DATE de départ			
1	2	3	4	5	6	7	8	9	10	11	12	13	14	15	16	17	18

A   , le   19 .

Le Général commandant le   ° corps d'armée,
P. O., *Le Chef d'état-major,*

(A) Indiquer dans la colonne « Observations » le type des voitures (fourgons, forges, fourragères, etc.) et le nombre des voitures de chaque type.

(B) Indiquer, dans la colonne 17, la date probable ou réelle du retour et, s'il est possible l'itinéraire.

° CORPS D'ARMÉE.

ÉTAT-MAJOR.

° BUREAU.

N°

(1)

ORDRE *de mouvement par voie de mer*
adressé à Monsieur le

à

Mouvement { ordonné par M. le
(3)   réglé par M. le

(2)

MODÈLE N° 5.

(1) Ajouter s'il y a lieu les mots : *Avis d'* ou *Demande d'*.

(2) Ajouter s'il y a lieu : *Après entente avec les gé- généraux commandant les corps d'armée intéressés.*

(3) Ajouter s'il y a lieu : *sera.*

DÉSIGNATION des CORPS ou DÉTACHEMENTS à mettre en mouvement	EFFECTIF.						BAGAGES et MATÉRIELS divers. — Poids approximatif.	EMPLA- CEMENT de la TROUPE.	PORT D'EMBAR- QUEMENT.	DATE D'EMBAR- QUEMENT.	PORT de DÉBARQUE- MENT.	DES- TINATION	OBSER- VATIONS.
	Officiers.	Sous-officiers.	Troupe.	Chevaux.	Mulets.	Voitures.							

A   , le   19

Le Général commandant le ° corps d'armée.
P. O. le Chef d'état-major,

ANNEXE B.

Liste des principaux décrets, règlements et instructions auxquels il peut être utile de se reporter pour l'exécution des mouvements de troupes :

Loi du 3 juillet 1877 sur les réquisitions militaires ;

Décret du 2 août 1877 sur les réquisitions militaires ;

Décret du 18 novembre 1889 sur les transports militaires par chemins de fer ;

Décret du 27 décembre 1890 sur le service de la solde ;

Décret du 4 octobre 1891 sur le service des places de guerre et villes ouvertes (notamment chapitres 8 et 19) ;

Décret du 20 octobre 1892 sur le service intérieur (titre III) ;

Règlement du 27 février 1894 sur le service des convois à l'intérieur (par terre et par eau) ;

Instruction du 26 janvier 1895 sur les conditions dans lesquelles s'effectue en temps de paix le transport par voie ferrée du personnel relevant du département de la guerre, des animaux de l'armée, ainsi que des voitures, bagages et du matériel des corps de troupe ;

Instruction du 1er mai 1897 sur l'exécution des transports de la guerre à bord des bâtiments de commerce ;

Décret du 15 décembre 1898 sur le service des frais de route ;

Instruction du 22 août 1899 concernant les officiers d'approvisionnement.

TABLE DES CHAPITRES.

Paris et Limoges. — Imprimerie militaire Henri CHARLES-LAVAUZELLE.

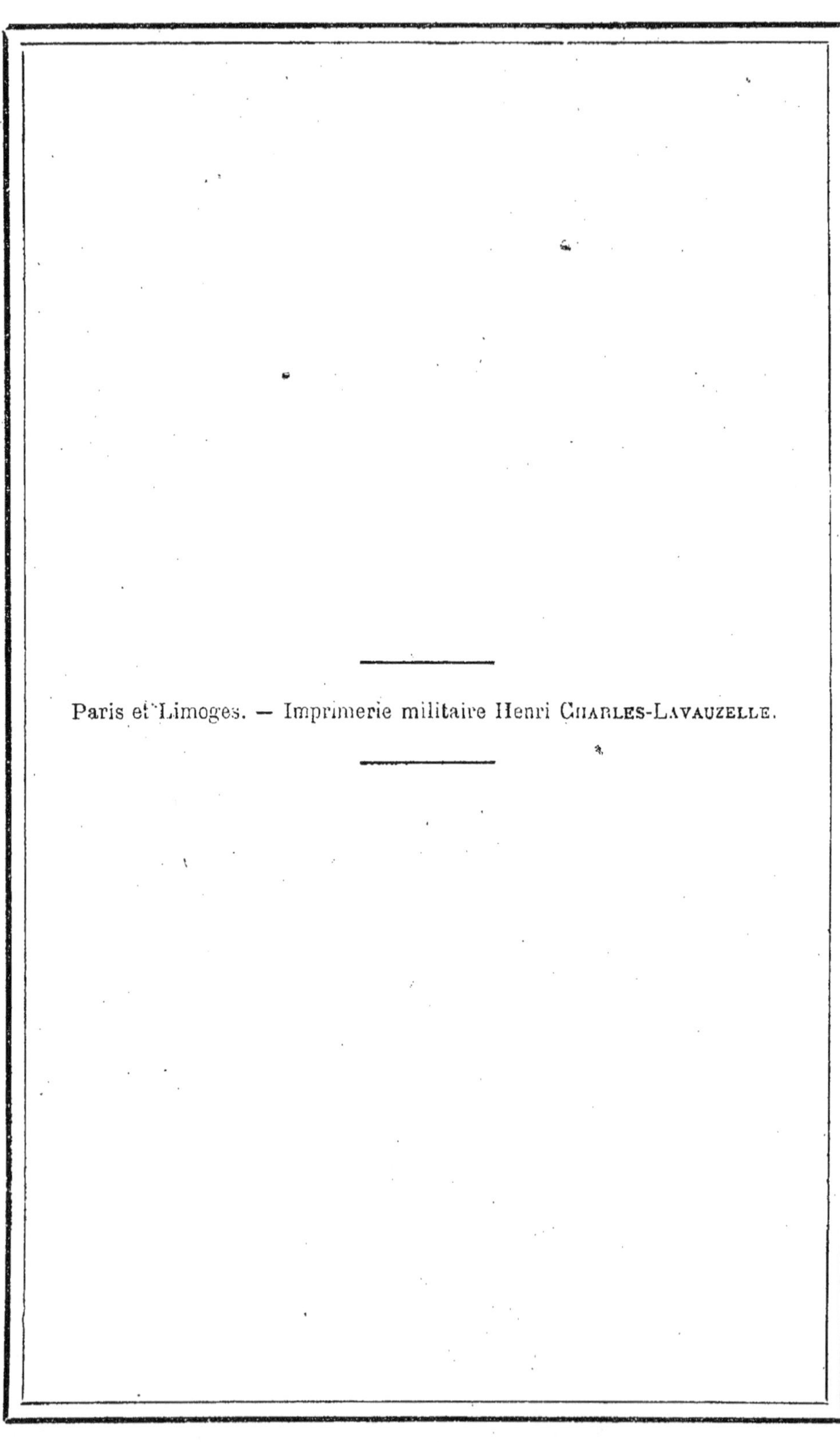

Paris et Limoges. — Imprimerie militaire Henri Charles-Lavauzelle.